# わくわく！
へんしんフード
Miracle Foods

料理創作ユニット
Goma

りょうりって、まるで理科のじっけんみたい。
いろんな材料をまぜてねつをくわえたり、ひやしたり。
できあがったら、あらフシギ……
なんともおいしいものに、大へんしん！
あなたも、食べ物の変化に注目して
おいしくってオモシロ楽しい
へんしんフードを作ってみませんか？

へんしんフードってなあに？

このたまごがへんしんすると…

へんしんするとおいしーい

へんしんフードなんていわれたら、
「いったいどんな食べ物なんだろう?!」って
みなさん、きっとワクワクするでしょう。じつは、
すべてのりょうりが「へんしんフード」なんです。
材料（ざいりょう）をあわせて、ねつをくわえたり、
つめたくしたり……すると、さいごには、
すっかり形がかわってしまうでしょう？

その変化（へんか）していくようすが、とってもおもしろいんです。
理科のじっけんのように
りょうりのひとつひとつの作業は、どれもこれも
見のがせない「化学はんのう」のれんぞくです。
この本では、「こんなふうになるなんて！」と
変化（へんか）がおもしろいものを、取りあげました。
どんどんかわっていくようすを、
写真でわかりやすく見ることができます。
みなさんには、できあがりはもちろん、
とちゅうのプロセスも、しっかり見てもらいたいのです。
そして、じっさいに自分でやってみると、もっともっと楽しい！

じー

わーやっちゃった！

コゲた

見ているだけではわからない、
おどろきの発見がたくさんありますよ。
はじめてで、ドキドキしたり、
たまにはしっぱいするかもしれません。
でも、あきらめないでチャレンジしてみてください。
しっぱいは「こんどはこうしてみよう」って、
じっくり考えられるチャンス。
きっと、次のせいこうにつながるはずだから。
キッチンはみんなのじっけん室。
楽しくておいしい、へんしんフードを作ってみよう！

おりょうりの前に

さあ作ろう！っていったって
まずなにからじゅんびするの？って思うよね。
そんな人はまず、このページから読んでみて！
☆じゅんびする時はおとなの人に相談して
てつだってもらいましょう。

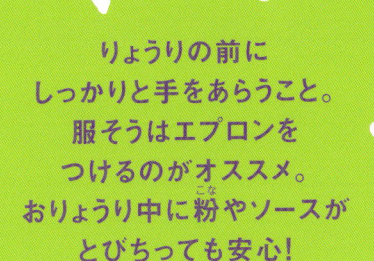

まずは身じたく

りょうりの前に
しっかりと手をあらうこと。
服そうはエプロンを
つけるのがオススメ。
おりょうり中に粉やソースが
とびちっても安心！

本をよく読もう

作る前に
ページ全体を
写真を見ながら
よく読んでおこう。
自分が作りたい
もののイメージを
ふくらませよう。

こころを おちつけて…

フー…

火を使う時のおやくそく

火をつけたら
けっして目をはなさないこと。
使いおわったらかならず
火を止めたことをかくにんしてから
りょうりをつづけましょう。

りょうりにかかせないほうちょうは、
きけんな刃ものです。
ふざけたり、ほかの人に
ほうちょうを向けたりしないこと。
使わない時は、落ちにくい場所に
おいておこう。

アチチ

きをつけて〜

ほうちょうを使う時のおやくそく

もくじ
Contents

へんしんフードってなあに？ 2
おりょうりの前に 3

きょうりゅうたまご 6

ごまいりべっこうアメ 8

キャラメル 10

キラキラグミ 12

ラムネ 14

マヨネーズ 16

形いろいろカッテージチーズ 18

メレンゲいろいろ1
きほんのメレンゲ 20

メレンゲいろいろ2
やきメレンゲ 22

メレンゲいろいろ3
イタリアンメレンゲで作るマシュマロ 24

へんしんフードざつ学　26

ふりふりバター　28

あわあわシュワシュワゼリー　30

ドライアイスサイダー　32

ストロー寒天　34

いちごジャム　36

おもちレンジあられ　38

イラストトースト　40

お絵かきパンケーキ　42

手作りかまぼこ　44

インデックス　46

本書レシピを使用するにあたって
- 各ページに表記した調理時間は、調理をはじめるところからできあがりまでの、おおよその目安です。
- 計量スプーンは、大さじ1＝15ml、小さじ1＝5mlのものを使用しています。すりきりではかってください。
- ゴムべらは耐熱用のものを使用しています。
- レンジは家庭用レンジ（500W）を使用しています。メーカーによってかかる時間や温度がことなる場合がありますので、ようすを見ながら調理してください。
- たまごは指定のないものは、Mサイズを使用しています。
- バターは指定のないものは、有塩バターを使用しています。

1

まず、ゆでたまごを作るよ。
たまごを冷蔵庫から出しておこう。

しろい
たまごを
つかってねー

2

小なべにたまごをいれて、
水をひたひたにそいで
中火にかけます。

3

かたゆでたまごになるぞー

ぶくぶくとあわが出て、
ふっとうしたら
弱火にするよ。
そこから10分ゆでます。

きょうりゅうたまご

いつものたまごが大へんしん！
きょうりゅうのたまごになっちゃった！

10

中はふつうのたまご。もちろん食べられるよ！

パーティにも
いいね〜

9

4
ゆであがったたまごを取りだし、
ボウルにいれた水でひやしてから、
たまごのから全体に
スプーンでひびをいれよう。

5
こんなふうにね！
まんべんなくね

しょくべにガがついたらすぐにあらおう
いろがついちゃうー
よくふいてね

材料 2コ分　たまご 2コ
食用色素 少々
（この本では赤・青・緑）

道具 小なべ ／ ボウル
スプーン ／ マグカップ

15分 + ひとばんおく
調理時間

6
マグカップに水（分量外）をいれて
食用色素をまぜてこい目の色水を作り、
からのついたゆでたまごを
ひとつずついれます。

7
うすくてかわいい色〜

そのままひと晩つけると……
こんな色になったよ！

8
からをむいたら、
きょうりゅうたまごの
できあがり！

わ!! むいたらびっくり〜

ごまいり べっこうアメ

グラニュー糖と水だけでアメになるって知ってた？
ごまなしでもおいしいよ！

1 まず、材料の半分量の、グラニュー糖60g、水大さじ2、白ごま大さじ1、クッキングシートをしいたトレーを、用意しよう。

2 グラニュー糖と水を小なべにいれて、弱火であたためます。プクプクとあわが出てくるよ。

3 プクプク、プクプクをじーっと見る。

みるだけー じーー さいごまでまぜないで作ってね

4 あわが大きくなってきた！

14 スプーンでアメ液をすくって

あついから きをつけて〜 ぐんてをしよう！

15 クッキングシートをしいたトレーにわりばしをならべ、アメをたらすよ。

リンゴアメもべっこうアメなんだよ

16 のこり半分の材料で、同じように黒ごまべっこうアメを作り、あいている部分にたらします。かたまるまで、そのままおいておこう。

できあがり！

5 ぼこっと大きなあわも出てきたよ。

まぜたくなる〜 ダメ！

6 うっすら黄色に色づいてきた。

7 黄色い部分が少しずつ大きくなってきたよ。

よーくみててね

8 少しずつ、茶色い部分が見えてきた。

⏱ 30分 調理時間

ここから12まで思ったより早く進むから、注意してね！

| 材料 | 5〜6本分
グラニュー糖 120g ／ 水 大さじ4
ごま（黒・白）各大さじ1 |

| 道具 | はかり ／ 計量スプーン
小なべ ／ ぐんて
スプーン ／ わりばし
クッキングシート ／ トレー |

9 全体に色がついてきたら……

ヨイショ ぐる〜り

10 なべを火からはなして左右にかたむけます。

こうばし〜い

12 白ごまを一気にいれよう！

11 さらに全体に色が同じようについたら……

13 火を止めて、なべをふたたび左右にかたむけごまをならします。

しっぱいしたらこんなになるよ

一度しっぱいしても、あきらめないでまた作るとせいこうするよ。使いおわったなべは、お湯であたためながらあらうと落ちやすいよ。

1. クッキングシートを、バットにあわせておっておきます。
   角はこんなふうにおってね
   さきにやっておこう

2. グラニュー糖、水アメ、水を小なべにいれて中火にかけるよ。
   じゅうようポイントはまぜないこと！
   ブクブク

3. ふちの方から、ほんのり黄色くなってくる。こげないように、なべをかたむけてね。
   みるだけ!! *まぜない〜*

キャラメル

自分で作ると、やわらかくて口にいれるとトロっととろけるよ

調理時間 30分 + 冷蔵 1時間

材料 24コ分
グラニュー糖 100g ／ 水アメ 10g
水 大さじ2 ／ 生クリーム 150ml
無塩バター 20g
しお ふたつまみ（かくし味なのでおこのみで）

道具 はかり／計量スプーン／計量カップ
クッキングシート
バット（21×15cmくらい）／小なべ
ゴムべら／コップ／スプーン
ぐんて／ほうちょう／まな板

19. キャラメルのできあがり！クッキングシートでつつむとかわいいよ。
    トロける〜 *おいし〜い*

18. ほうちょうでひと口サイズに切ったら

16. クッキングシートをしいたバットにキャラメルを流しいれます。

17. *とってもあついのでぐんてをつけて作業しよう！*

バットを左右にかたむけて平らにします。さめたら、冷蔵庫で1時間ひやすよ。

4

5 ぐるりとなべをかたむけて〜

6 ぜんたいに きいろく なってきた

まぜないで、ゆらしながらキャラメル色をつけていくよ。

いいニオイ〜

9 すこしトロリとしたね

8 まざったら、弱火にかけて10〜15分くらいにつめるよ。ゴムべらでまぜつづけてね。

7 全体がうす茶色になったら火からおろし、生クリーム、バター、しおをくわえてまぜまぜ。

10

11 いろがこくなった プクプク

12 ブクブク〜

15 できあがったか、テスト。氷水（分量外）をいれたコップにきじをたらして、かたまったらOK！

14 このくらいなべのそこがみえたらOK！ まぜた時に、なべのそこが見えてきたら火を止める。

13 ねっとりと重くなってきたよ。

トロトロからねっとりにかわったのがわかるハズ

11

キラキラグミ

カラフルなシロップで、宝石みたいなグミを作ろう

調理時間 50分 + 冷蔵 1時間

1
水アメを部屋の温度にもどしておこう。小さな耐熱ボウルに原液の1色を60ml、粉ゼラチン10gをいれてまぜます。

2
同じ分量でほかの3色も作ろう。ひとつずつ500Wのレンジにラップをせずにそのまま40秒かけ、さらによくまぜるよ。

3
2に水アメ小さじ1をいれてまぜ、また500Wのレンジに1分かける。取りだしてさらにまぜたら、グミ液のできあがり！これを4色分作ります。

グミってゼラチンでできてんだね

なめた～い

とけてトロ～っとした

カラフル～

9
できあがり！

ひかりにすかしてもキレイ

4

すきな形の
シリコン型を用意しよう。
100円ショップなどに
売っているよ。

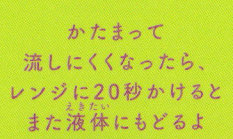

とりだしやすいんだね

5

かたまって
流しにくくなったら、
レンジに20秒かけると
また液体にもどるよ

4色のグミ液を、
型に少しずつ流しいれる。
いろんな色をいれると
きれい！グミ液は
どんどんかたまるから、
手早く作業すること。

いろがまざってマーブルもように〜

6

バットに流しいれると、
こんなふうになるよ。
絵をかく気分でやってみよう！
型に流しこんだら、
冷蔵庫で1時間ひやしてね。

どんなふうになってるんだろ

材料

4色分
水アメ 小さじ4 ／ 粉ゼラチン 40g
4つの原液
カルピス原液 60ml
かき氷シロップ（この本では赤・青・黄）各60ml

道具

はかり ／ 計量カップ
計量スプーン
小さな耐熱ボウル ／ スプーン
すきな形のシリコン型 ／ バット

8

キレイ〜☆
これをクッキーのかたでぬいてもいいね
ベロ〜ン
おいし〜い

バットに流したものは
こんなふうに！
すきな型に流してみてね。

7

プルンとでてきたー

かたまったら
型ぬきするよ。

ラムネ

口の中でちゃんとシュワシュワする手作りのラムネだよ

調理時間 40分 + 6時間おく

材料 （2色分）
- 粉ざとう 100g ／ コーンスターチ 20g
- 食用色素（この本では青・黄）適量
- クエン酸（食用を使うこと。ドラッグストアで買えます） 小さじ1
- レモン果汁 小さじ1 ／ 水 小さじ1 ／ 重曹 小さじ1

道具
はかり ／ 計量スプーン
ボウル ／ 竹ぐし ／ スプーン
ミニゼリーなどのカップ
トレー

---

1. 2つのボウルに、それぞれ粉ざとう50g、コーンスターチ10g、食用色素をいれて、まぜておく。食用色素は竹ぐしで少しずついれよう。

2. 1にそれぞれ、クエン酸小さじ1/2、レモン果汁小さじ1/2、水小さじ1/2をいれる。

　しきとが水分にとけて、きゅうにいろがひろがるね

3. まずは青色から。スプーンでよくまぜる。ここからしばらくは、まぜまぜタイム。

ラムネっていえでつくれるの〜？

カップがないときは…… 
小さじを使ってもOK！
まるくてかわいいね

16. そのまま6時間いじょうおく。水分がぬけてかたくなったらできあがり！

こんなにかたくなった カチコチ

できたてはくずれやすいけどやわらかくて おいしいよ

4

5 しろいこなのところを いろがまざるようにね

ボウルのふちにこすりつける ようにまぜるといいよ。

6 ぜんたいに まざったかな

だんだん まざってきたね。

8 サラサラー

さいごは 手のひらを 使って……

全体がまざってきたら こんどは手を使おう。 指のはらでこすりあわせると まぜやすいよ。

つぶつぶを のこさないようにね

7 ザラザラ

こなを つぶすように

しましまになるように スプーンでカップにいれて

9 これが シュワシュワの もとかー

水分がなくなってきたら、 重曹小さじ1/2をくわえてさらによくまぜる。

10 ピンクも つくりたいなー

黄色も同じようにまぜ、 2色の粉がかんせい。

11

こうごにね

12 粉はこれぐらい までいれよう。

15 スルンとおちたー！

トレーの上に、 指でやさしくおしだす。

14 こんなに へこんだ！

13 さいごはぎゅっと 指でおす。

15

ひえたたまごをつかうと
うまくいかないことがあるよ
れいぞうこから
だしておこう

1

たまごの黄身・酢(す)・油で
マヨネーズができるよ！

ボウルにたまごの
黄身をいれて、
白いポチッとした
カラザをさいばしで
取ります。

2

カラザを
とると
なめらか
になるよ

3

しおをくわえて
あわだて器でよくまぜます。

マヨネーズ

まぜるのはたいへんだけど
手作りはまろやかでやさしい味

調理時間 20分

やさいスティックに
ぴったり！

どれも
おいしいよ

ポリポリ
いくらでも
たべちゃう～

アレンジ！

できた
マヨネーズを
4等分にして
いろんな味を
ためしてみてね。

プレーンもいいよね♡

スパイシーなかおり～

ていばんの
あじ！

プチプチ
おいし〜ッ

みそ　　たらこ　　カレー粉(こ)

5g　　10g　　小さじ2

4 まざったら、酢を一気にくわえるよ。

あわだて器でかきまぜつづけてね！

うんせうんせ

5 油をほそいいとみたいにたらそう

次に油をすこーーしずつくわえながら、まぜます。一度にたくさんいれると分離してしまうことがあるよ！

なるべくやすまず

6

| 材料 | たまごの黄身　1コ分
しお　小さじ2/3
酢　小さじ2
植物油　80〜100cc |

| 道具 | 計量カップ
計量スプーン／ボウル
さいばし／あわだて器 |

だんだん白っぽくなってきた！でもまだまだ！

まだまだ

こうたいするよ

7

8

9 ちょっとかわってきたぞ

油をいれおわってからもさらにまぜつづけます。あわだて器のあとがのこるくらいになってきた！

11

10 ぐるぐるぐるぐるがんばれがんばれもうマヨネーズに近いね！

うでが〜

やったぞー

白っぽく、もったりとしたらできあがり！

これだけ？

牛乳とレモン果汁だけでチーズができるよ！

さらし2まいを重ね、上からチャコペンですきな形をかく。

ナミナミ
10cm

線にそって波ぬいする。一部分だけ、10cmくらいぬわずにあけておく。

どんなチーズができるのかなー

形いろいろカッテージチーズ

牛乳にレモンをいれると、たんぱく質がかたまってチーズに！

調理時間 40分 ＋ 30分まつ

| 材料 | 牛乳（高脂肪分のもの） 1ℓ
レモン果汁 大さじ3
しお 少々 |

| 道具 | 計量カップ ／ 計量スプーン
さらしまたはガーゼのぬの（30×25cmを4まい）
チャコペン ／ ぬい糸 ／ ぬい針 ／ なべ
ゴムべら ／ おたま ／ せんたくものほし
ボウル ／ はさみ |

パンにものせたい

ジャムやオリーブでかざりつけてクラッカーでめしあがれ

さいごにしおをパラリ

できあがり〜

4
なべのふちにちゅうもく！ちいさなあわができてきたぞ

STOP!

牛乳をなべにいれて強火にかけ、ふっとう直前に火を止めるよ。

5
ゆ〜っくりおおきく1〜2回まぜる

レモン果汁をくわえてざっとまぜます。

まぜすぎると細かく分離しすぎてしっぱいしてしまうことがあるんだ

うわーもわもわしてきた

さらしの下にボウルをおき、だれかにてつだってもらって、おたまでふくろの部分に6の牛乳を流しいれます。

6
さわらないように!!

15分くらいそのままおくと、しぜんに牛乳が分離してくるよ。黄色い汁が出てきたらOK。

7
すみっこからいれていくんだね

こぼさないようにね

8
せまくていれにくい所は、スプーンのえでおします。

せんたくものみたいー

さわってやわらかさをみよう

9
下にボウルをおき、せんたくものほしに8をつるしてそのまま30分くらい、おく。

めやす
つるすじかんのながさでチーズのかたさがかわるよ
すきなかたさにしてね

11
はさみで糸を切りながら、さらしをやぶって中のチーズを取りだします。

10
いろいろな形で作ってみてね！今回はお魚とドーナッツ。

メレンゲを作るコツ

- ボウルとあわだて器はきれいにあらって、しっかりかわかしておくこと。
- たまごは新しいものを使うこと。上等なメレンゲができるよ。
- 白身はつめたい方がきれいなメレンゲになるよ。

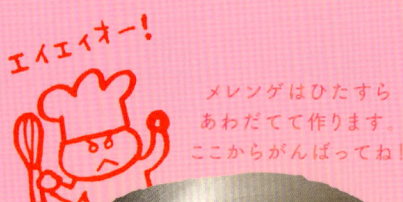

1 たまごの黄身と白身を分けて、白身をボウルにいれる。

2 しおをひとつまみをくわえて、あわだて器でシャカシャカとあわだてます。

あわだちやすくなるよ

メレンゲはひたすらあわだてて作ります。ここからがんばってね！

エイエイオー！

3 白っぽくあわだったら、グラニュー糖を3等分してまず、1/3の量をくわえるよ。

メレンゲいろいろ①
きほんのメレンゲ

たまごの白身が、こんなにまっ白ふわふわに！

おめでと〜　おつかれ〜

13 ボウルをかたむけても落ちてこない！

チェック

きほんのメレンゲのできあがり！次のページからメレンゲをアレンジしていくよ

12 すくったメレンゲのツノがピン！とたったらOK！

よんだ？

20

4

あわだてます。

調理時間 25分

材料	たまごの白身 1コ分 しお ひとつまみ グラニュー糖 30g

道具	はかり ボウル あわだて器

シャカシャカー

あわがちいさくなってきたー

5

さらに同じ量のグラニュー糖をくわえてまぜるよ。

6

シャカシャカー

またあわだてます。

フー

8

またまた、あわだてます。

7

のこりのグラニュー糖を、くわえてまぜるよ。これでさいご！

ゆるいあわだったのがだんだんもったりとして、形がしっかりしてきます。

9

シャカシャカー

うでがつかれるー

11

おなかにボウルをかかえこむようにしてシャカシャカするとまぜやすいよ。

10

いろがまっしろになってきたー

あわだて器ですくってみて、ツノがおじぎするぐらいになったら、あと少し！まだあわだてます。

がんばれー！！ あとすこし！

1. オーブンを100℃にあたためておこう。
ビニールぶくろにあわだてたメレンゲをいれます。

2. ふくろの口をぐるぐるしぼって、テープでしっかりとじてね。

うしろからでてこないよーに！

3. ふくろの先をはさみで切るよ。

きりすぎないようにきをつけて

きりくちでふとさがかわるよ

メレンゲいろいろ②

やきメレンゲ

メレンゲをやくと、軽くてサクサクにへんしん！

8. できあがり〜！

食べてみると中はサクサク、かるーくておいしい！

メレンゲはしけやすいからはやめにたべよう！！

まだまだメレンゲの旅はつづくよ。次のページへ！

動物の形や
ハート形もいいね
すきな形を作ろう！

4
クッキングシートをしいた
天板に、すきな形をしぼりだそう。

5
さあやくよ！
100℃のオーブンで
1時間やきます。

ちょっと おやすみタイム〜
ぐー

20分 調理時間 ＋ オーブン 1時間

材料	きほんのメレンゲ（作り方はP.20〜21を見てね） チョコレートペン（茶）　1本

道具	ビニールぶくろ／ゴムべら／テープ ハサミ／クッキングシート

ほんのり
ちゃいろく
なったね

6
やきあがり！

7
チョコレートペンで
もようをかこう。
おいしくなって一石二鳥！

ペンが
出しにくい時は
お湯で
あたためて

たのしい
おえかき
タイム♪

メレンゲいろいろ③
イタリアンメレンゲで作るマシュマロ

ふんわりしっとりの手作りマシュマロ

調理時間 60分 + 冷蔵 1時間

イタリアンメレンゲって？

メレンゲにあつあつシロップをいれたものを「イタリアンメレンゲ」というよ。マシュマロやマカロンなどのお菓子（かし）作りに使えます。今日はみんな大すき、ふわふわマシュマロを手作りするよ！マシュマロ作りにはハンドミキサーがオススメ。

したじゅんびしよ〜

スタートの前に、Aのゼラチンを水でふやかしておこう。

おススメ ハンドミキサーをつかうとき はじめとおわりだけあわだてきをつかうとあわのキメがこまかくなるよ

1 トレーに、クッキングシートをしきます。角をきちんとおってホチキスで止めると、形がしっかりして使いやすいよ。

2 Bをボウルにあわせてまぜ、1のクッキングシート全体に、茶こしで下の地が見えなくなるまでふります。

Bの粉は後にも使うので半分くらいのこしておこう

3 ボウルにたまごの白身をいれてしおをくわえ、ピンとツノが立つくらいまであわだてて、しっかりしたメレンゲを作ってね。

ハンドミキサーだと、はやーい

13 ほうちょうにBの粉（こな）をまぶしながら、切りわける。そのまま表面にうすいまくができるまで、さらにかわかしてね。

ほうちょうにマシュマロがくっつかないように

やった〜

14 マシュマロのできあがり！

温度計がない場合は
ふっとうしてから
1分半～2分につめてみてね

4

シロップを作るよ。グラニュー糖、水アメ、水を小なべにいれて弱めの中火にかけよう。110℃になったら火からおろしてね。

5

できあがったかテスト！
氷水（分量外）をいれたコップに
4を1てきたらしてみよう。

かたまったらOK！

6

ブクブクしてる

シロップにふやかしたゼラチンをくわえて、ゴムべらでまぜながらとかします。

7

トロ〜ン

なめらかになった〜

材料

18cm角のバット1コ分
- たまごの白身　2コ分
- しお　ひとつまみ
- グラニュー糖　150g
- 水アメ　15g（大さじ1）
- 水　大さじ2
- A《粉ゼラチン　10g
  　水　大さじ3》
- B《コーンスターチ　100g
  　粉ざとう　100g》

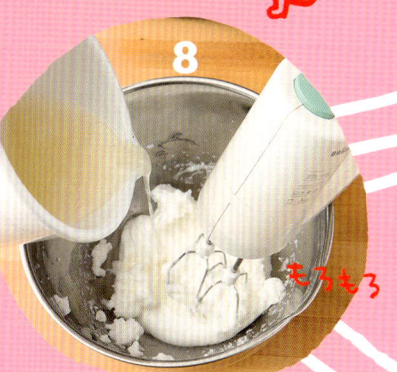

8

もろもろ

3のメレンゲに、あついままのシロップをすこーしずつくわえながら、ハンドミキサーであわだてるよ。

9

あらねつが取れて、すくうともったりあとがのこるくらいになったらOK！

道具

はかり／計量スプーン／小さなボウル／トレー／クッキングシート
ホチキス／茶こし／ボウル／ハンドミキサー（あわだて器でもよい）
小なべ／温度計／ゴムべら／まな板／ほうちょう

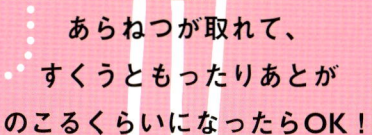

12

さわるとスベスベプヨプヨ

かたまったら、クッキングシートからはずして、ひっくり返す。

11

きじの表面を平らにしてから上にもBの粉をふるって、冷蔵庫で1時間ひやそう。

ふんわりしておいしそう〜

かんそうさせるんだね

10

たいらにならしてね

9をクッキングシートにゆっくりと流しいれるよ。

へんしんフードざつ学

たまごのかたまる温度のひみつ

たまごりょうりには、いろいろなしゅるいがあるよ。目玉やき、オムレツ、茶わんむし、プリン……そんなたまごに、ひみつがあるって知ってた？

それは「かたまる温度」。たまごはねつをくわえるとかたまりますが、温度によってそのかたさがかわるんだ。ゆでたまごを半じゅくにしたり、かたゆでにしたりできるのも、そのおかげ。

さらに、たまごの白身と黄身は、かたまる温度がちがいます。これを利用したのがおんせんたまご。黄身は半じゅくで、白身はふわふわ。おんせんのお湯やじょう気でもできることから、この名前がついたんだって。作り方はとってもかんたん！

おんせんたまごの作り方

℃
- 100° 水がふっとうする
- 95° 水がふっとうしはじめる
- 80° 白身がかたまる
- 65° 黄身がかたまる
- 58° すきとおった白身が白くにごりはじめる

白身より黄身のほうが早くかたまるんだね！

1　たまごを冷蔵庫から出してしばらくおきます。つめたくなくなったら、使いおわったカップラーメンの容器にいれます。

2　お湯をわかしてふっとうさせ、容器にそそぎます。ふたはしないでOK！カップラーメンの容器はほかのものより、温度をたもってくれるんだ。

3　20分たったらお湯をすてて、さらに10分まつよ。中身をうつわに出して、だししょうゆで食べるとおいしいよ。

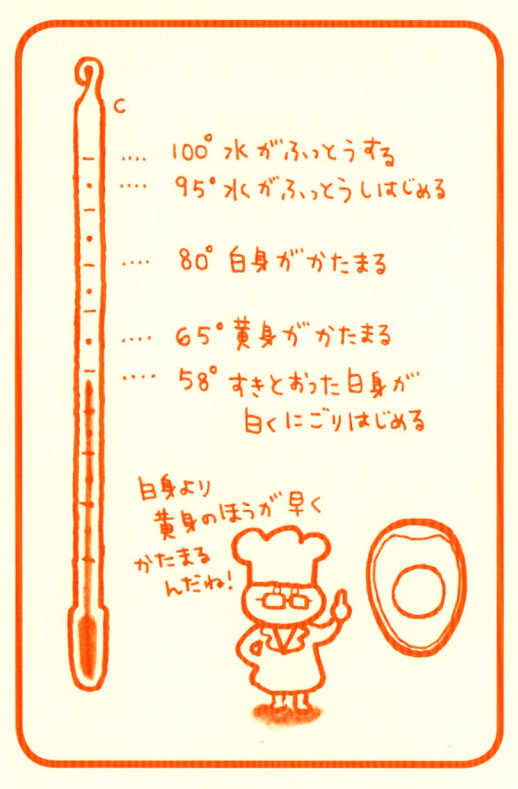

へんしんフードざつ学

さとうのオモシロ大へんしん

さとうには、ユニークなとくちょうがあるよ。それは、いろいろな形に、自由に「へんしん」できること。
さとうはねつをくわえると、けっしょうがとけてあまい液体(えきたい)になり、さめるとまたけっしょうが集まって、かたまります。この変化(へんか)がへんしんのひみつ。変化(へんか)のとちゅうで、さとうは一度やわらかいじょうたいになるので、その時には、形を自由に作ることができるのです。
みんなのまわりには、そんなさとうのへんしんわざからできた食べ物が、たくさんあるんだよ!

シロップ その1 103℃〜105℃
さとうと水をふっとうさせてから1分につめたもの。
アイスティーにいれたり、あんみつのシロップに使ったりするよ。

りんごアメ 160℃ 
日本ではお祭りの屋台(やたい)でおなじみ、欧米(おうべい)でも食べられているお菓子だよ。
さとうと水に食紅(しょくべに)をくわえてつめ、りんごにからめてできあがり。

アメ細工(さいく) 160℃ 
につめたシロップに水アメをくわえると、自由に形が作れるよ。アメをあたためてやわらかくしながら、動物や花の形にしあげます。
水アメは、おもにでんぷんとあまみをまぜて作った人工甘味料(かんみりょう)。
さめてもかたまらないから、アメ細工を作るのにべんりなんだ。

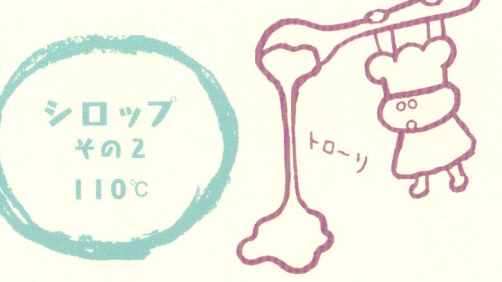

シロップ その2 110℃
ふっとうしてから2〜3分につめ、さめると糸を引くシロップになるよ。
P.24〜25のイタリアンメレンゲにもはいっています。

わた菓子(がし) 135℃〜145℃ 
「ざらめ」というしゅるいのさとうで作るよ。
さとうがとけてやわらかくなり、白い糸みたいに細くなったものを、ぼうにまきつけたのがわた菓子(がし)なんだ。

カラメルソース 170℃〜185℃ 
べっこうアメに、さらにねつをくわえて茶色がこくなったものにねっとうをいれると、こうばしくてあまいソースになるよ。プリンにかけるカラメルソースはこれ。

べっこうアメ 165℃
シロップをもっとにつめると、少しずつ色がついてくる。この液体をかためると、P.8〜9のべっこうアメになるよ。

同じ材料なのにぜんぜんちがったものにへんしんするさとう…本当にふしぎだね。

27

1. ペットボトルに生クリームをいれます。

きれいにあらってかわかしておこう

2. しっかりフタをしめて

3. よくふります。

ふりふりふり

4. ふりふり〜

ふりふりバター

できたてはフレッシュでおいしいクリームみたい！

ラスクみたい〜

手作りバターをぬったこんがりトースト、おいしいよ〜！

グラニュー糖 大さじ1

アレンジ！

すりおろしにんにく 1/2かけ分 + しお ふたつまみ

できたバターの半量にそれぞれ、さとうやすりおろしにんにくをくわえると、ちがった味が楽しめるよ！

あまいのもおいしい〜
シュガーバター

しょっぱいのはりょうりに…
ガーリックバター

28

6 やっと少しかたまってきました。

7 まだまだふりふり〜。

8 だんだんまわりに、つかなくなってきた。

ピシャピシャ

なんだかおもくなったぞ

おとがしなくなった〜

5 けっこう長いよ、がんばって〜！

調理時間 15分

9 もうちょっとふりふり〜。

ドスンドスン…

水分とかたまりにわかれた！

材料	100g分 動物性の生クリーム （乳脂肪分35％いじょうで乳化剤、安定剤が使われていないもの） 200ml
道具	計量カップ ペットボトル（でこぼこが少ない500mlのもの） ボウル／カッター

あぶないのでおとなの人にてつだってもらおう

10

12 きをつけて〜
ペットボトルをカッターで切ると……

11 のこった液体をボウルに取って

まわりにつかなくなって、バターがかたまったよ！

ぎゅうにゅうみたい

13 なめるとミルクのあじほんのりあま〜い

ふわふわバターのできあがり！

ホエーといってえいようバツグン！りょうりにもつかえるよ〜

29

あわあわシュワシュワゼリー

ふわふわのあわとピリッとした炭酸がやみつきに！

調理時間 25分 + 冷蔵 3時間

1 あらかじめ粉ゼラチンを水にふやかしておこう。

2 小なべに炭酸ジュース50ml、さとうをいれて火にかけ、ふっとう直前に火を止める。

ふちにちいさなあわができたらストップ！

3 1のゼラチンをくわえて、よくまぜるよ。

とかすよー

ビールみたいでしょ

9 6を冷蔵庫から一度出して8のあわをのせ、冷蔵庫にもどしてさらに3時間いじょうひやしかためる。

4

ボウルをかたむけて低い位置から、そろーりそろりといれてね

ボウルにのこりの炭酸ジュースをいれる。炭酸がぬけないように、できるだけあわを立てずにしずかにそそぐのがコツ。

5

ゆーっくりゆっくりまわしてね

氷水（分量外）でひやしながらまぜると早くできるよ

3をボウルにしずかにいれ、あらねつが取れてとろみがつくまで、ゴムべらで炭酸がぬけないようにまぜます。

6

カップをかたむけながらそーっと

とろみがついたらカップの6分目まで5のゼリー液をそそぎ、冷蔵庫でひやす。

材料（150mlのカップ4コ分）
粉ゼラチン 10g ／ 水 大さじ3
炭酸ジュース 400ml
さとう 大さじ3 ／ 氷 適量

道具
はかり／計量カップ
計量スプーン／小さなボウル
小なべ／ボウル／ゴムべら
おたま／あわだて器／スプーン
プラスチックカップ

7

のこったゼリー液を氷水（分量外）でひやしながら、細かいあわになるまであわだて器であわだてる。

8

フワフワー

これくらいになったらOK！

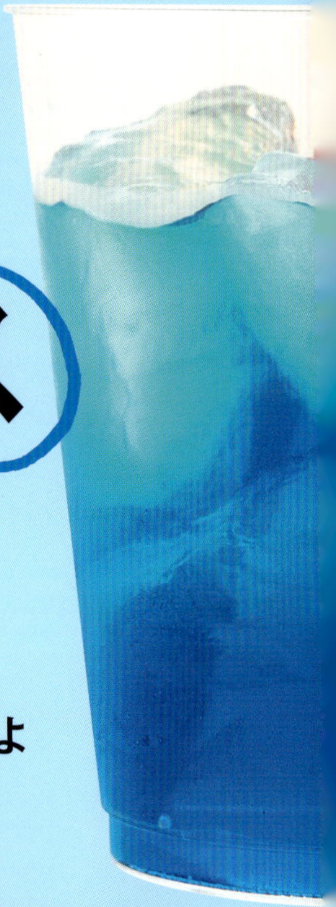

ドライアイスサイダー

ドキドキじっけんみたい！微炭酸のサイダーができるよ

1 かき氷シロップと水を容器にいれてまぜ、ビニールぶくろに流しいれる。

じょうぶなビニールにしよう

2 1のふくろにドライアイスを2〜3かけくらいいれるよ。さわるとあぶないのでトングなどを使おう。

3 白い気体がムクムクと出てくるよ！

うらしまたろうきぶん

11 おたまで氷（分量外）をいれたコップにそそぐ。

カルピスソーダもつくれそう…

12 ただのジュースが、しゅわしゅわ炭酸ソーダにへんしん！

4
ギュッと!!
ふくろの口を手で
しっかりとじます。

5
ムクムク

6
ムクムクムク
きたきた〜
だんだんと
ふくろが
ふくらんで
くるよ〜。

材料 2人分
かき氷シロップ（すきな味のもの） 大さじ4
水　300ml
ドライアイス（5cmくらい）　2〜3かけ

道具 まぜるための容器／厚手のビニールぶくろ
トング／ボウル／おたま

調理時間 15分

7
うゎー
はれつしそう〜
パン
パン
パンパンになってきた！

8
あけすぎちゃ
だめよ×
ふくろの口をちょっぴりあけて、
気体を少しにがすよ。
すたーー
ちょっとオゥッとした

9
ふくろの口をとじる
↓
ふくらむ
↓
気体を少しにがす
……をくり返します。

10
ドライアイスがとけて
なくなったらOK！
ふくろの中身をボウルに出してね。
こぼさないよーにね〜

1. カップにストローを立て、ふちの高さにそろえて切ります。

2. カップがぎっしりになるまで同じ長さのストローをつめていくよ。さかさまにしても落ちてこないくらい！

今回は38本のストローを半分にして、76本はいったよ！

ほそながい器が…いいよ

3. まず、赤の寒天液を作る。小なべに水200ml、粉寒天2g、さとう大さじ1、赤の食用色素をいれてまぜるよ。

ストロー寒天

ゼリーとはちがうしょっかん！

こんな食べ物見たことない！
ニョロニョロが楽しいよ

調理時間 30分 + 30分おく

そのまま食べても、サイダーにうかべて飲んでもおいしいよ！

材料 すりきり容量300mlのカップ分
水 400ml ／ 粉寒天 4g ／ さとう 大さじ2 ／ 食用色素（赤・黄）少々

道具 はかり ／ 計量カップ ／ 計量スプーン
ストロー 40本くらい
すりきり容量300mlのカップ
（同じくらいの大きさの容器ならなんでもOK）
はさみ ／ 小なべ ／ ゴムべら
おたま ／ バット ／ 皿

ぜんぶ出したら、ふしぎな寒天のできあがり！

15

こんどはへんてこなみつ豆とかところてんをつくってみよーかな

スパゲティーみたい

4
強火にかけて寒天をとかします。

だんだんとけるとトロリとするよ

5
ふっとうしたら弱火にし、2分ほどゴムべらでまぜながらにつめると、とろみがつくよ。

トロ〜ン

6
火をとめてさまし、のこりの材料で黄色の寒天液も作ってね。2のカップを用意して……

7
2色の寒天液をストローの上からおたまでそそぎます。さいしょは黄色。

わくわく どうなるのかなー

8
しっかりはいってるかな？

次は赤色！

9
こうごにいれて……

10
いっぱいになるまでそそいだら、そのまま30分くらいさまします。

しつおんでかたまるよ

11
かたまったら、バットにストローを出します！

スゴイ かんてんってどんなかたちにもかたまるんだね

12
ぜんぶ出すと、こんなふう。

このまま食える？

13
今度はストローから寒天を出すよ。指でしごくようににゅー！

うまく出ると気持ちがいいよ

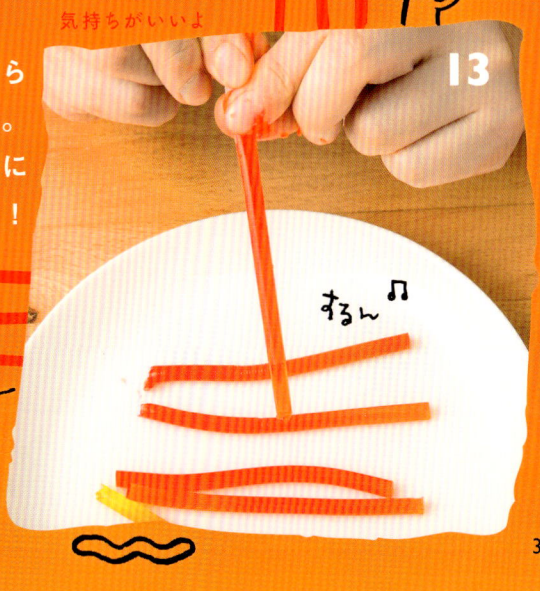

するん♪

14
うしろからおしだして、先っぽを引っぱるときれいに出るよ。

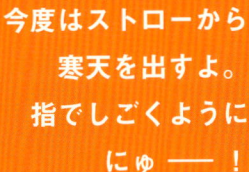

わぁできたー

いちごジャム

ジャムって？
くだものとさとうを、やわらかくにつめたもの。
さとうをたくさんいれると長持ちするほぞん食になるんだ。

いがいとかんたんなジャム。色の変化に注目！

きをつけてー

まっしろ

1 いちごはあらって水気を切ってからほうちょうでヘタを取ってね。

2 なべにグラニュー糖といっしょにいれて、ざっとまぜる。

まるごと1こが
トロっていて
サイコー

ねっとうしょうどく
してみよう

なべに、ビンとふた、かぶるくらいの水をいれて強火にかけ、にたったら弱火にし10分ふっとうさせて火を止める。ビンとふたをトングで取りだし、きれいなふきんにふせてのせ、かんそうさせる。

8 ねっとう（分量外）につけてさっきんしたビンに、あつあつのジャムをつめたらできあがり！

あついから
きをつけてー

3

そのまま2時間いじょうおくと、さとうがとけて水分が出てくるよ。

こんなに水分がでるんだー

4

ぐつぐつぐつ

このしろっぽいあわのぶぶんがアクだよ

そのまま強火にかけてにつめます。ふっとうしたら中火にして、おたまでアクを取るよ。

しるもいっしょにすくわないようにがんばろう

こまめにアクとり

調理時間 15分 + 2時間おく + にこむ 30分

材料：いちご 300g / グラニュー糖 150g

道具：はかり / まな板 / ほうちょう / なべ / ゴムべら / おたま / あきビン

5

ゴムべらでゆっくりかきまぜながら、とろりとするまで20〜30分。

しろっぽいね

6

ぐつぐつぐつ……

いろがまたこくなった！もどったよ！

サラサラしてたのがトロッとしてきたね

いちごのいろがうすくなったよ

7

一度うすくなった色がしっかりもどって、ツヤツヤとうめい感が出てきたらOK。

おもちレンジあられ

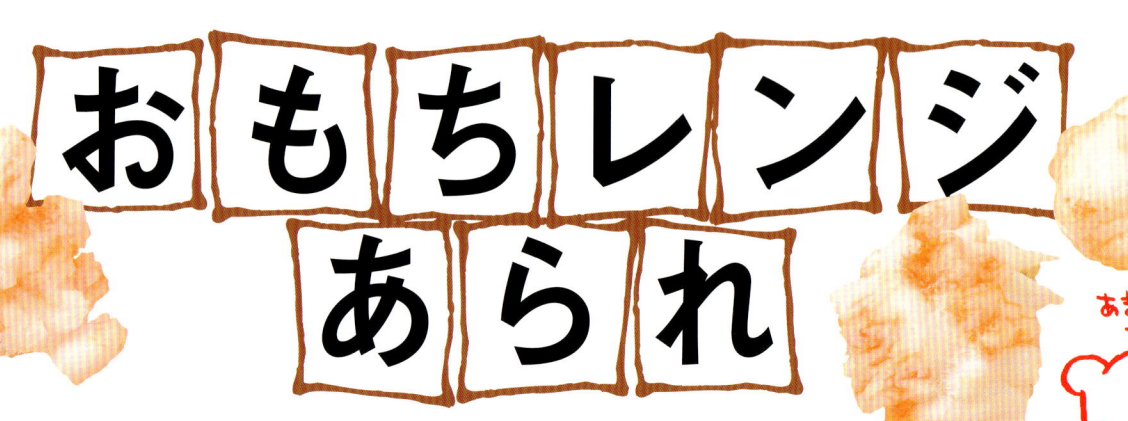

おもちがサクサクあられにへんしん！

1 切りもちをほうちょうで切ります。力がいるので、両手を使いながらよく気をつけて切ってね。

あぶないので切る時は大人の人にてつだってもらおう

2 1コの切りもちを写真のように切ると16等分。さらに半分に切ると32等分。

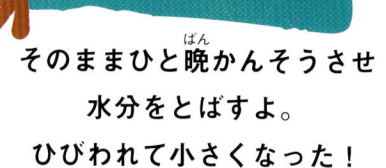

3 そのままひと晩かんそうさせ水分をとばすよ。ひびわれて小さくなった！

よーくかんそうしたほうがうまくいくよ

かんそうしてヒビヒビ〜

8 ボウルにいれて、しょうゆをまわしかけて

カレー粉としおをまぶしてもいいね

あおのりとかしおこしょうも♡

9 さいばしでよくまぜたら、できあがり。

あまったおもちない？

4　レンジの回転皿（耐熱皿でもよい）にクッキングシートをしいて、おもちをはなしてならべます。これは16等分の大きい方。

くっつかないよーに

5　こっちは32等分の小さい方。

どう ちがうのかな

500Wのレンジに2〜3分かけると……

材料　切りもち　2コ　しょうゆ　適量

道具　まな板／ほうちょう　クッキングシート　ボウル／さいばし

15分 調理時間 ＋ ひとばんおく

まんまる ぷくぷく〜

大きい方はこんな形になりました！

のこった水分のちがいかな？

6

7

小さい方はこんな形に。

おはなしたい

1 食パンの上にアルミホイルをのせて……

2 ずれないようにかさねてって…

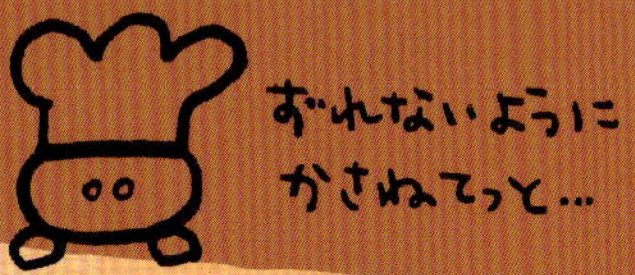

3 パンの型どおりにアルミホイルをちょきちょき。

食パンの型を取るよ。

イラストトースト

ねつをとおさないアルミホイルを使って、お絵かきしてみよう

調理時間 15分

材料
食パン 適量
バター 適量
トーストにのせる材料
（ジャムなど）適量

道具
アルミホイル
はさみ ／ えんぴつ
カッター ／ カッターマット
バターナイフ

すきな具材をかざってトーストアートしてみよう。

たべたー♡
カワイイ

14

楽しい顔トーストに！

4
ホイルの中にえんぴつで
すきな形をかいてね。

5
今回は数字の「5」を
かいてみたよ。

6
カッターで切りぬいて
きをつけて〜
ホイルをやぶかないよう
やさしくなぞるようにかこう

7
ホイルのうらにバターをぬります。
バターはしつおんでやわらかくしておこう

8
うかないようにしっかりのせて
やぶかないようにね

9
のこりのホイルも同じように
バターをぬってはります。

10
オーブントースターで
色を見ながらやくよ。
ちょっとこいやきいろのほうがきれいにみえるよ

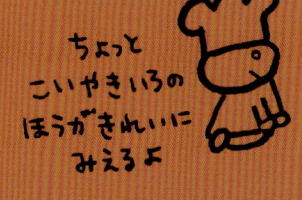

11
こんがり文字が
やきあがり！

12
ホイルをはずしたら、
イラストトーストのできあがり！

13
こんなふうに、顔をはってやけば……
どんなものがやけるかな
にがおえもおもしろい〜

お絵かきパンケーキ

お皿がキャンバス！ 2色のきじで絵をかこう

調理時間 25分

1
皮をむいたバナナをまるごとボウルにいれ、つぶがなくなりトロトロになるまで、フォークでつぶすよ。

2
ふたつのボウルにそれぞれホットケーキミックス、たまご、牛乳、バナナ（ココア味ならココア）をいれます。

3
あわだて器でよくまぜよう！

4
粉が見えなくなって、よくまざったらOK！

きじで字をかくときも、竹ぐしが大かつやく！すきなメッセージをかいてみてね。

500Wのレンジに2〜3分かけるよ。きじがぷっくりとふくらんだらOK。

お絵かきパンケーキのかんせい！

バナナのソースだね
きれいにまざったね
こまかいところもらーくらく
おやつにたべたーい
なんまいかつくってるとなれてじょうずになってくるよ

5
ココア味の方も同じようにまぜるよ。

6
2色のきじができた！

7
直径19cmくらいのお皿にラップをぴっちりはります。これがキャンバスになるよ。

ギューとひっぱりながらラップをかけるよ

8
まずはベースとなるバナナのきじを丸くたらします。

あとできじをかさねるからちいさめにしておこう

9
つぎにココアのきじを上からたらして、絵をかこう。

10
細かい部分は、竹ぐしの先できじをのばすとかきやすいよ！

おはしのさきもつかえるよ

11
バナナのきじで目をかいて

あ、ヨゴレが！

12
しっぱいしたらチョコのきじを上からのせてしゅうせいできるよ。

13
チョコチップを目玉に。まわりにもぐるり。お絵かきかんりょう！

2つのいろをうまくつかおう

材料　2〜3まい分

バナナ味
- ホットケーキミックス 100g
- たまご 1/2コ
- 牛乳 60ml
- バナナ 1/2本

ココア味
- ホットケーキミックス 100g
- たまご 1/2コ
- 牛乳 70ml
- ココア 小さじ1
- チョコチップ 適量

道具
はかり／計量カップ
計量スプーン／ボウル
フォーク／あわだて器／皿
ラップ／スプーン／竹ぐし

1. たらの皮を手で取ります。

2. なんども こおり水に つけることで くさみが とれて しろくきれいに なるよ

ほうちょうで細かく切り、氷水（分量外）をはったボウルにいれてひやすよ。

3. かきまぜてそのまま5分おき、水を一度すててからまた氷水をいれて5分おくよ。

手作りかまぼこ

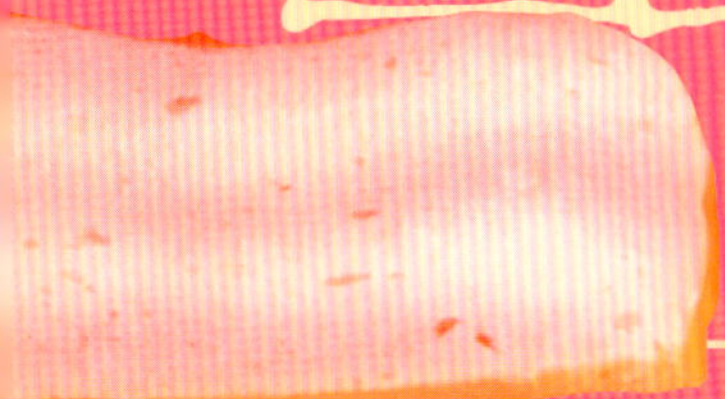

かまぼこって、魚でできてるって知ってた？

材料　2本分
- たらの切り身　250g
- 氷　50gくらい
- A《しお　4g／みりん　小さじ2
- かたくり粉　4g／たまごの白身　1コ分》
- 食用色素（赤）　少々

道具
- はかり／計量スプーン／まな板
- ほうちょう／ボウル／ゴムべら
- ざる／キッチンペーパー
- フードプロセッサー／竹ぐし
- すりばち／すりこぎ
- 市販のかまぼこ板
- バターナイフ／むし器
- クッキングシート

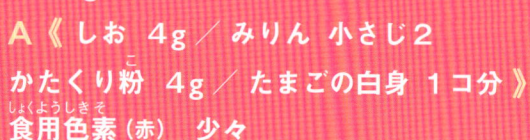

調理時間 70分 ＋ むし器 20分

16. かわいいピンクのかまぼこのできあがり！

15. ふたをして、中火で20分くらいむします。

いろがすこしうすくなったね

むかしの人がたべていたのはこんなかんじだったのかなあ

14. クッキングシートをしいたむし器にならべて……

4 たらをざるにあげて水切りし、キッチンペーパーで水気をふきとる。

5 フードプロセッサーに4をいれて1分～1分30秒かけるよ。

なめらかになった～

6 ペースト状になったら、Aをくわえてさらに1分フードプロセッサーにかけよう。

7 6をすりばちに半量だけうつして、ねばりが出るまで20分くらいすります。

ゴリゴリー

8 フードプロセッサーの中にのこっているきじに、水でといた食用色素をくわえてさらに30秒かけるよ。

色素は竹ぐしで少しずついれよう

9 ピンク色のきじもすりばちにうつして、ねばりが出るまで20分くらいすります。

ふたたびゴリゴリー

2色のきじができあがったね！

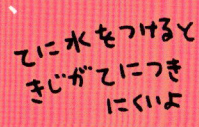

このがんばりできじのなめらかさがかわるよ！

10 かまぼこ板を水にぬらして、バターナイフできじをぬっていこう。

11 しましまや……

12 かまぼこ形に。

てに水をつけるときじがてにつきにくいよ

13 のこったきじは丸めてしまおう。

ペタペタとすこしずつね

45

インデックス
（総さくいん）

語句のインデックス

あ行

アイシング ― ①38
アスパラガス ― ②12、13、33
アメ ― ①36 ③45 ④8
アメリカンドッグ ― ③40
油あげ ― ②14〜17
あられ ― ④38
いちご ― ②44 ④36
いなりずし ― ②14〜17
いんげん ― ②30、33、38
えだ豆 ― ②16、34
おくら ― ②30、34
おこのみやき ― ③43
おしずし ― ③14〜19
おにぎり ― ②6〜11
おべんとう箱 ― ②40〜43

か行

かざり切り ― ②36
カップケーキ ― ①40〜45
かまぼこ ― ②37 ④44
カレー ― ③20、24
寒天 ― ②45 ④34
キウイフルーツ ― ②44
キャベツ ― ②22
キャラメル ― ③12 ④10

キャンディ ― ①36
きゅうり ― ②18、22〜24、32、35、36
ぎょうざ ― ③30〜36
きんぴら ― ②15
クッキー ― ①8、28〜39
クッキーきじ ― ①32
グミ ― ④12
クリームチーズ ― ①6、44 ②23
グレープフルーツ ― ②45
クロワッサン ― ②23
コーンフレーク ― ①8
ごまあえ ― ②33

さ行

サイダー ― ④32
さくらでんぶ ― ②16、40 ③16
さつまいも ― ①20
さとう ― ①39 ③12 ④8〜11、14、20〜25、27、36
サンドイッチ ― ②18〜25
じゃがいも ― ②32 ③33
ジャム ― ②20、23 ④36
食パン ― ②18〜21 ④40
白玉だんご ― ①22
シリアル ― ①12
スイートポテト ― ①20
スープ ― ③37
すし ― ②12〜17
酢めし ― ②12〜17 ③16、19

ゼリー ― ①18 ④30
ソーセージ ― ②22、36 ③27、40、41
そぼろ ― ②38

た行

大根 ― ③26
たこせん ― ③42
たまご ― ②23、28、33、36〜39 ③17、37、42 ④6、16、20〜25、26
チーズ ― ②17、34 ③27 ④18
ちくわ ― ②34 ③18
チョコレート ― ①6〜15、44 ③44
ツナかん ― ②22
デザート ― ②44
てりやき ― ②31
トースト ― ④40
トマト ― ②34 ③10
ドライアイス ― ④32
どらやき ― ①24
とり肉 ― ②31、38

な行

長ねぎ ― ③32、37
生クリーム ― ①26、44 ④10、28
生春まき ― ③33、35
ナン ― ③22
肉まき ― ②30
にら ― ③32
にんじん ― ②15、32 ③18、24、26

かんたん☆かわいい♥ だいすきクッキング

1 どきどき！プレゼントスイーツ

おいしくて
かわいいスイーツが、
20レシピ大集合！
だいすきな友だちに
プレゼントして、
おどろかせちゃおう。

2 にっこり！キュートなおべんとう

ちょっとしたくふうで、
いつものおべんとうが
にぎやかに！
きほんてきな
おかずのレシピも、
しっかり学べます。

3 ようこそ！みんなでパーティ

モンスター
ハンバーガーパーティ、
おもしろカレーパーティ…
マネしたくなる、
ゆかいなアイデアが
いっぱい！

4 わくわく！へんしんフード

べっこうあめや
手作りバター、
きょうりゅうたまごに
ドライアイスサイダー…
じっけんみたいな
おもしろレシピ集！

- 全4巻に出てくる、キーワード・語句を、あいうえお順にならべました。
- ❶❷❸❹は巻数、その後の数字がページ数をしめしています。
  ※見開きページの左右が同じレシピの場合は、左のページ数をのせています。

例 コーンフレーク ──── ❶8 →「コーンフレーク」は、1巻の8ページに出ています。

のり ──── ❷6〜13、40 ❸19

は行

バウムクーヘン ──── ❶6
バター ──── ❹28
バナナ ──── ❷44 ❸44 ❹42
パプリカ ──── ❷30 ❸26
ハム ──── ❷18、35、36、40 ❸18、33
春まき ──── ❸33、35
パンケーキ ──── ❹42
ハンバーガー ──── ❸8、10
はんぺん ──── ❷35
ピカタ ──── ❷33
ひき肉 ──── ❷38 ❸11、24、32
ピクルス ──── ❸26
ビスケットケーキ ──── ❶26
ピック ──── ❷34
ぶた肉 ──── ❷30 ❸32
プチトマト ──── ❷34
ふりかけ ──── ❷39
ブロッコリー ──── ❷33
ベーグルパン ──── ❷23
ベーコン ──── ❷10
べっこうアメ ──── ❹8
ほししいたけ ──── ❸18
ポップコーン ──── ❸12、29

ま行

まきずし ──── ❷12

マシュマロ ──── ❶10〜13、42〜45 ❹24
マヨネーズ ──── ❹16
水アメ ──── ❹12、24
メレンゲ ──── ❹20〜25
もち ──── ❹38

や行

ヨーグルト ──── ❸27

ら行

ラッピング ──── ❶16、31
レタス ──── ❷18 ❸10
レモネード ──── ❸13
れんこん ──── ❷15
ロールパン ──── ❷22

わ行

和菓子 ──── ❶22〜25 ❷45 ❹8、38

ちしきとアイデアのインデックス

あ行

お菓子作りの前に ──── ❶2
お菓子作りにべんりな道具 ──── ❶3
おべんとうのこころえ ──── ❷3
おべんとう豆ちしき ──── ❷27
おべんとう容器いろいろ ──── ❷42

おりょうりの前に ──── ❷2 ❸3 ❹3

か行

クッキーのラッピング ──── ❶31
コルネの作り方 ──── ❶39

た行

楽しいラッピング ──── ❶16
手作り型の作り方 ──── ❶35

は行

パーティしよう！ ──── ❸2
パーティテーブルのアイデア ──── ❸28
パーティのじゅんび ──── ❸4
へんしんフードざつ学 ──── ❹26
へんしんフードってなあに？ ──── ❹2

47

Goma ゴマ

アラキミカ、中村亮子からなる料理創作ユニット。「食」をテーマに、ジャンルにとらわれることのない、自由で新しい料理活動を目指して、フード提案から雑貨のデザイン、イラストまですべてを自分たちでこなす。雑誌、単行本、絵本、TV、WEBなどで、作品発表、ワークショップ開催など、多彩なフィールドで活動中。近年は「子ども」がテーマの仕事も多く、料理や布作品を中心に活躍の場を広げている。
『GomaのPOPスイーツ』（小学館）『アイロンプリントでつくろう 通園・通学グッズ』（文化出版局）絵本『へんてこパンやさん』（フレーベル館）など著作多数。
www.gommette.com

写真・回里純子

ブックデザイン・坂川事務所

編集・山縣 彩

校正協力・籾山伸子

かんたん☆かわいい♥だいすきクッキング
❹ わくわく！へんしんフード
2016年3月初版　2023年7月第2刷

作　　Goma
発行者　岡本光晴
発行所　株式会社あかね書房
　　　　〒101-0065 東京都千代田区西神田3-2-1
　　　　電話 03-3263-0641（営業） 03-3263-0644（編集）
　　　　http://www.akaneshobo.co.jp
印刷所　吉原印刷株式会社
製本所　株式会社難波製本

ISBN978-4-251-05004-5 C8377　©Goma 2016 Printed in Japan
落丁本・乱丁本はおとりかえいたします。定価はカバーに表示してあります。
すべての記事の無断転載およびインターネットでの無断使用を禁じます。

NDC596
作　Goma
かんたん☆かわいい♥だいすきクッキング
❹わくわく！へんしんフード
あかね書房　2016　48p
31cm×22cm